Impressum
Verlag: BABADADA GmbH, Nedderfeld 112 , 22529 Hamburg
Geschäftsführer / Verlagsleitung: Harald Hof
Druck: Books on Demand GmbH, In de Tarpen 42, 22848 Norderstedt

Imprint
Publisher: BABADADA GmbH, Nedderfeld 112 , 22529 Hamburg, Germany
Managing Director / Publishing direction: Harald Hof
Print: Books on Demand GmbH, In de Tarpen 42, 22848 Norderstedt

lekol
el colegio

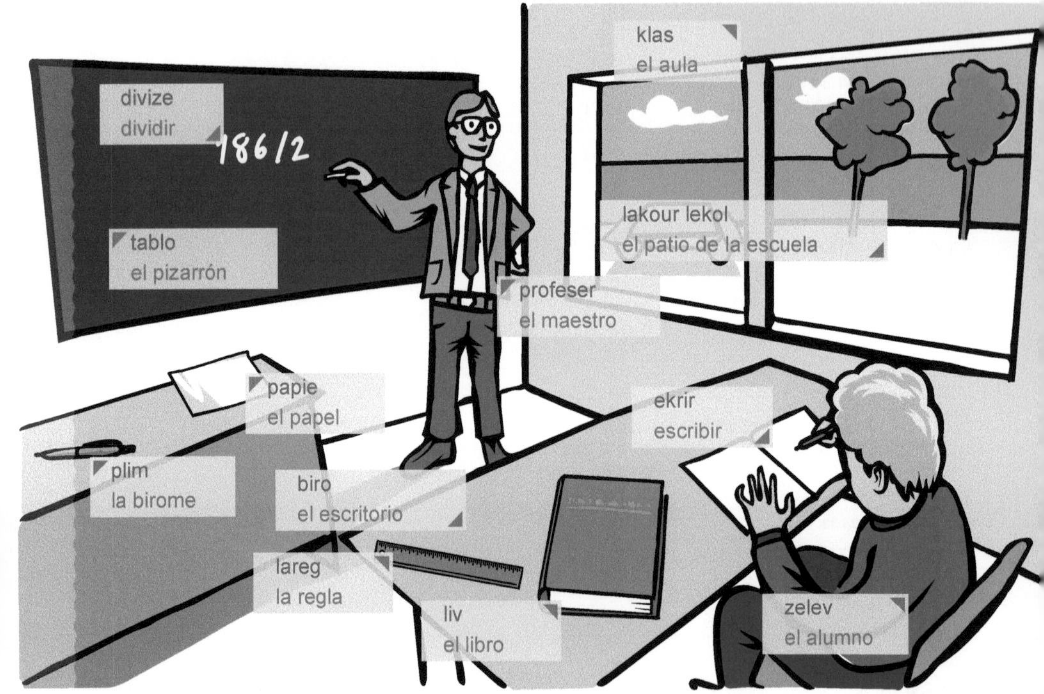

klas
el aula
divize
dividir
186/2
tablo
el pizarrón
lakour lekol
el patio de la escuela
profeser
el maestro
papie
el papel
ekrir
escribir
plim
la birome
biro
el escritorio
lareg
la regla
liv
el libro
zelev
el alumno

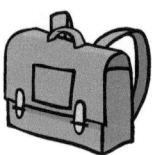

sak lekol
la mochila

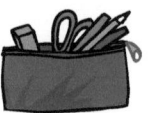

plimie
la caja de lápices

kreyon
el lápiz

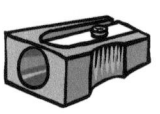

egizwar
el sacapuntas

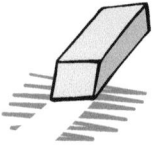

gom
la goma (de borrar)

kaye desin
el bloc de dibujo

desin

el dibujo

pinso

el pincel

bwat lapintir

la caja de pinturas

sizo

la tijera

lakol

el pegamento

kaye devwar

el cuaderno de ejercicios

devwar

la tarea

nimero

el número

azoute

sumar

retire

restar

miltipliye

multiplicar

kalkile

calcular

let

la letra

alfabet

el abecedario

mo

la palabra

text
....
el texto

lir
....
leer

lakre
....
la tiza

leson
....
la lección

rezis
....
el cuaderno de clase

lexame
....
el examen

sertifika
....
el certificado

iniform lekol
....
el uniforme escolar

ledikasion
....
la educación

lansiklopedi
....
la enciclopedia

liniversite
....
la universidad

mikroskop
....
el microscopio

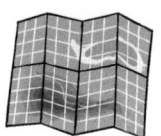

map
....
el mapa

poubel
....
el tacho (de basura)

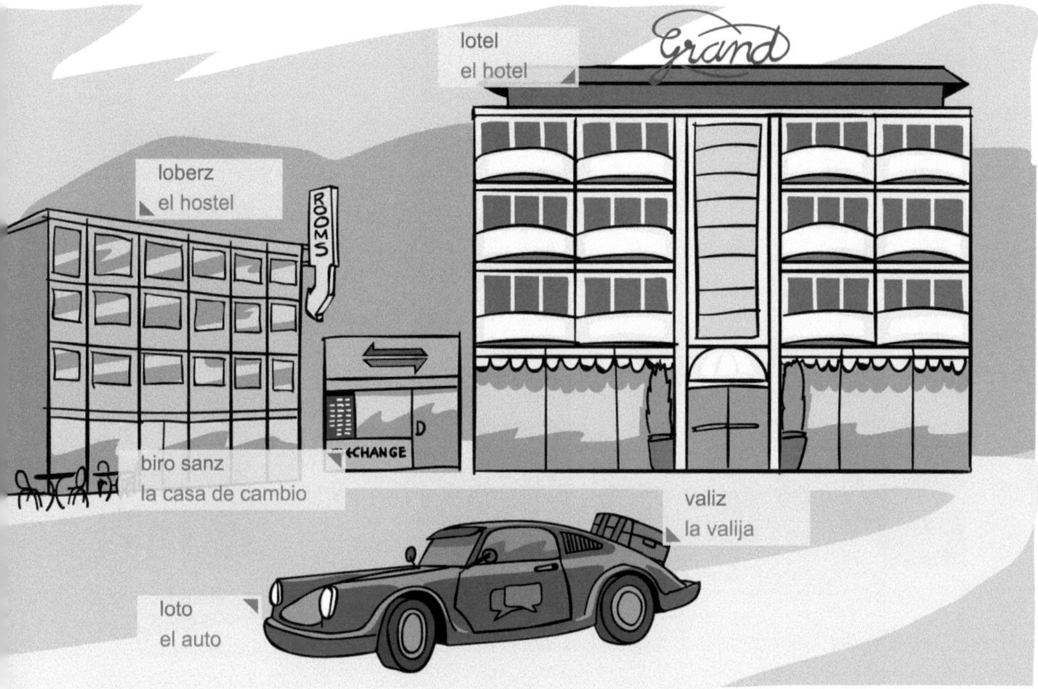

lotel
el hotel
Grand
loberz
el hostel
ROOMS
biro sanz
la casa de cambio
valiz
la valija
loto
el auto

langaz

el idioma

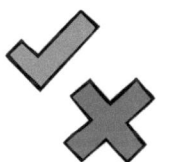

wi / non

sí / no

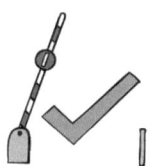

okay

Está bien

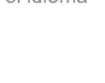

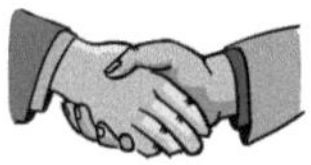

Alo

hola

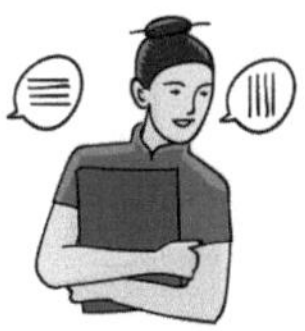

tradikter

el traductor

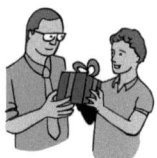

Mersi

Gracias

komie sa..?

¿cuánto cuesta…?

Mo pa pe konpran

No entiendo

problem

el problema

Bonswar!

¡Buenas tardes!

Bonzour!

¡Buenos días!

Bonn nwi!

¡Buenas noches!

o-revwar

el adiós

direksion

la dirección

bagaz

el equipaje

sak

el bolso

sak-a-do

la mochila

ot

el invitado

pies

la habitación

sak kousaz

la bolsa de dormir

latant

la carpa

lofis tourism

la información turística

laplaz

la playa

kart kredi

la tarjeta de crédito

ti-dezene

el desayuno

dezene

el almuerzo

dine

la cena

biye

el pasaje

lasanser

el ascensor

tem

el sello

frontier

la frontera

ladwann

la aduana

lanbasad

la embajada

viza

la visa

paspor

el pasaporte

transpor

el transporte

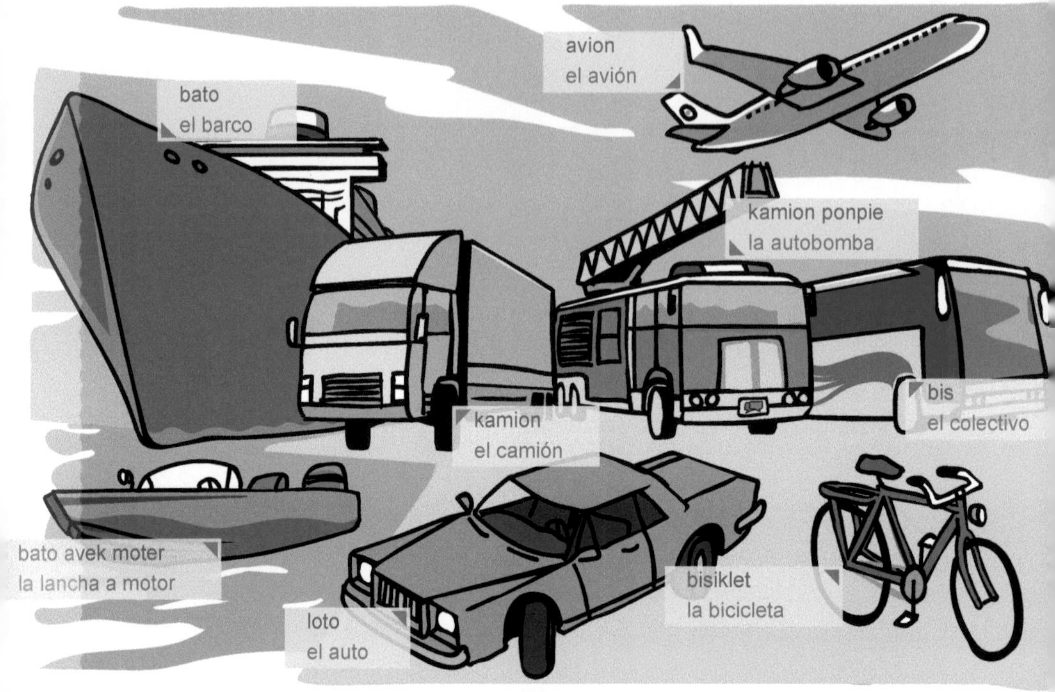

avion
el avión
bato
el barco
kamion ponpie
la autobomba
bis
el colectivo
kamion
el camión
bato avek moter
la lancha a motor
bisiklet
la bicicleta
loto
el auto

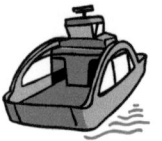

feri

el ferry

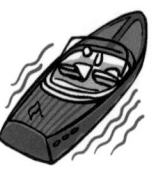

bato

el bote

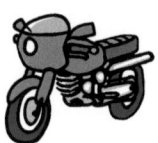

motosiklet

la moto

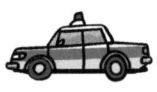

loto lapolis

el patrullero

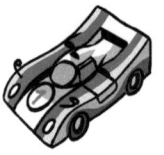

loto lekours

el auto de carreras

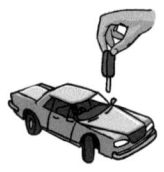

loto lokasion

el auto de alquiler

ko-vwatiraz

el alquiler de autos

kamion towing

la grúa

kamion salte

el camión de la basura

moter

el motor

lesans

la nafta

filing

la estación de servicio

pano indikasion

la señal de tránsito

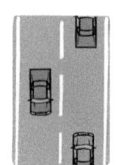

trafik

el tránsito

anbouteyaz

el embotellamiento

parking

el estacionamiento

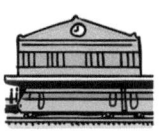

stasion trin

la estación de tren

ray

las vías

trin

el tren

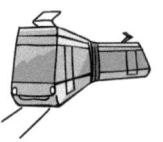

tram

el tranvía

vagon

el vagón

elikopter

el helicóptero

aeropor

el aeropuerto

towing

la torre

pasaze

el pasajero

kontener

el contenedor

karton

la caja de cartón

sario

la carretilla

panie

la canasta

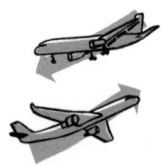

dekole / aterir

despegar / aterrizar

lavil

la ciudad

vilaz

el pueblo

sant-vil

el centro de la ciudad

lakaz

la casa

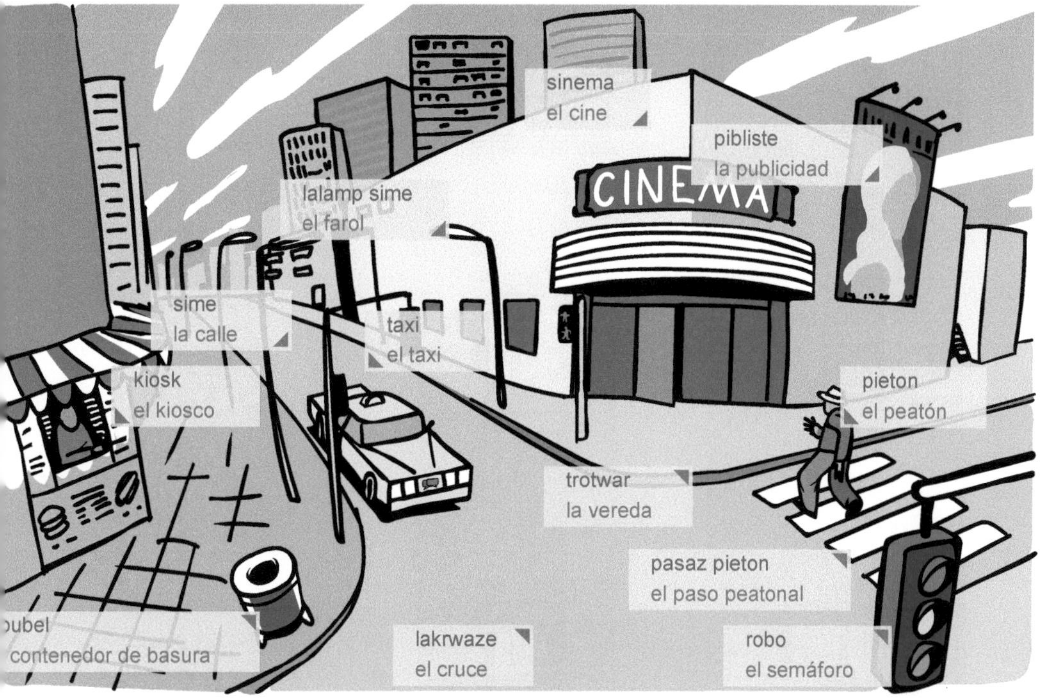
sinema
el cine
pibliste
la publicidad
CINEMA
lalamp sime
el farol
sime
la calle
taxi
el taxi
kiosk
el kiosco
pieton
el peatón
trotwar
la vereda
pasaz pieton
el paso peatonal
ubel
contenedor de basura
lakrwaze
el cruce
robo
el semáforo

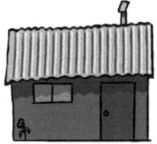

kabann

la cabaña

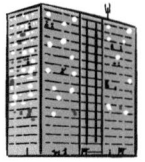

flat

el departamento

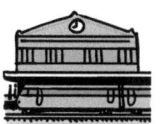

stasion trin

la estación de tren

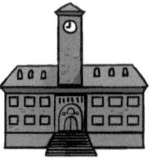

minisipalite

la municipalidad

MUSEUM

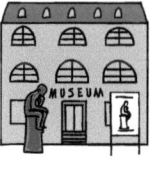

mize

el museo

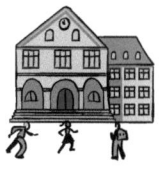

lekol

el colegio

liniversite

la universidad

labank

el banco

lopital

el hospital

lotel

el hotel

farmasi

la farmacia

biro

la oficina

libreri

la librería

magazin

el negocio

fleris

la florería

sipermarse

el supermercado

bazar

el mercado

gran magazin

las grandes tiendas

pwasonnri

la pescadería

sant komersial

el centro comercial

lepor

el puerto

park
....
el parque

labank
....
el banco

pon
....
el puente

leskalie
....
las escaleras

metro
....
el subte

tinel
....
el túnel

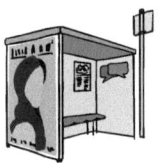

bistop
....
la parada del colectivo

bar
....
el bar

restoran
....
el restaurante

bwat-a-let
....
el buzón

pano
....
el letrero

parkmet
....
el parquímetro

zoo
....
el zoológico

pisinn
....
la pileta

moske
....
la mezquita

laferm

la granja

polision

la contaminación

simitier

el cementerio

legliz

la iglesia

lespas pou zwe

los juegos infantiles

tanp

el templo

peizaz
el paisaje

fey
la hoja

pano indikasion
el poste indicador

sime
el camino

preri
la pradera

ros
la piedra

pie
el árbol

randonner
el excursionista

larivier
el río

lerb
la hierba

fler
la flor

lavale

el valle

kolinn

la montaña

lak

el lago

bwa

el bosque

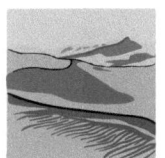

dezer

el desierto

volkan

el volcán

sato

el castillo

larkansiel

el arco iris

sanpinion

el champiñón

palmie

la palmera

moutik

el mosquito

mous

la mosca

fourmi

la hormiga

abey

la abeja

zarenie

la araña

koksinel

el escarabajo

grenouy

la rana

ekirey

la ardilla

erison

el erizo

lapin

la liebre

ibou

la lechuza

zwazo

el pájaro

sign

el cisne

sangliye

el jabalí

serf

el ciervo

elan

el alce

dam

la presa

eolienn

el aerogenerador

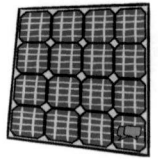

pano soler

el panel solar

klima

el clima

restoran

el restaurante

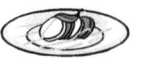

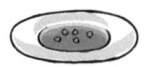

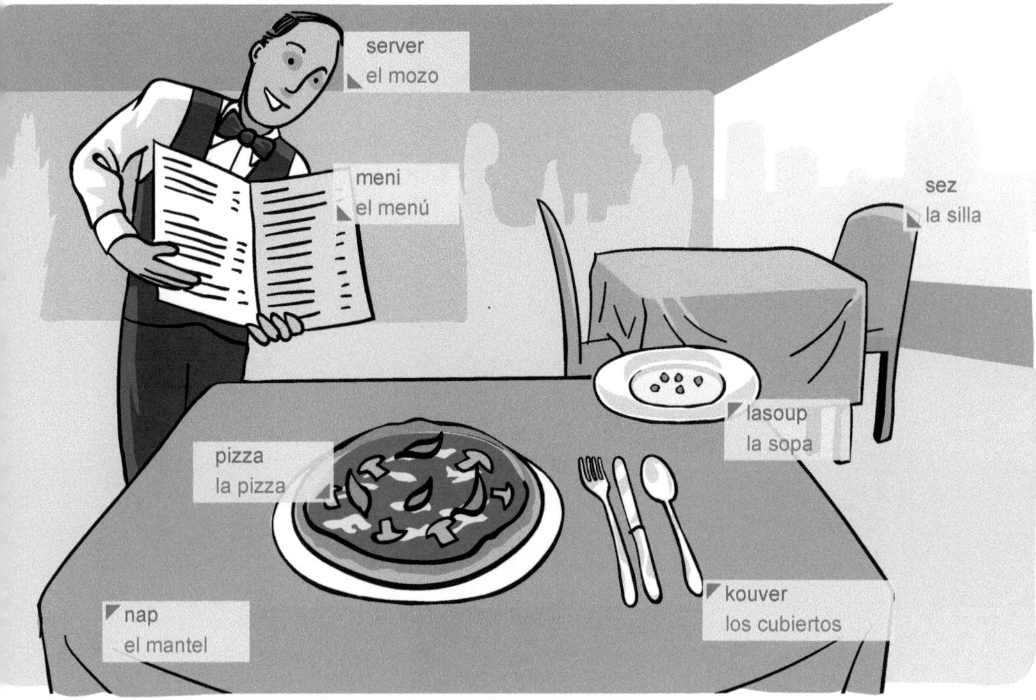
server
el mozo
meni
el menú
sez
la silla
lasoup
la sopa
pizza
la pizza
nap
el mantel
kouver
los cubiertos

lantre
la entrada

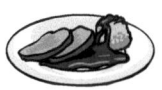

pla prinsipal
el plato principal

deser
el postre

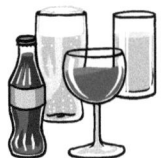

labwason
las bebidas

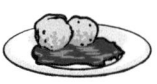

manze
la comida

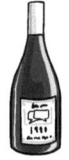

boutey
la botella

fast food

la comida rápida

take-away

la comida callejera

teyer

la tetera

po disik

la azucarera

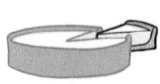

porsion

la porción

masinn expresso

la cafetera expreso

sez-ot

la sillita alta

bill

la cuenta

plato

la bandeja

kouto

el cuchillo

fourset

el tenedor

kwiyer

la cuchara

ti-kwiyer

la cucharita

serviet

la servilleta

ver

el vaso

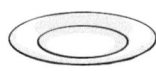

lasiet

el plato

lasiet

el plato hondo

soukoup

el plato

lasos

la salsa

po disel

el salero

moulin dipwav

el molinillo de pimienta

vineg

el vinagre

delwil

el aceite

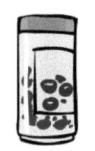

zepis

las especias

ketchup

el kétchup

lamoutard

la mostaza

mayonez

la mayonesa

sipermarse
el supermercado

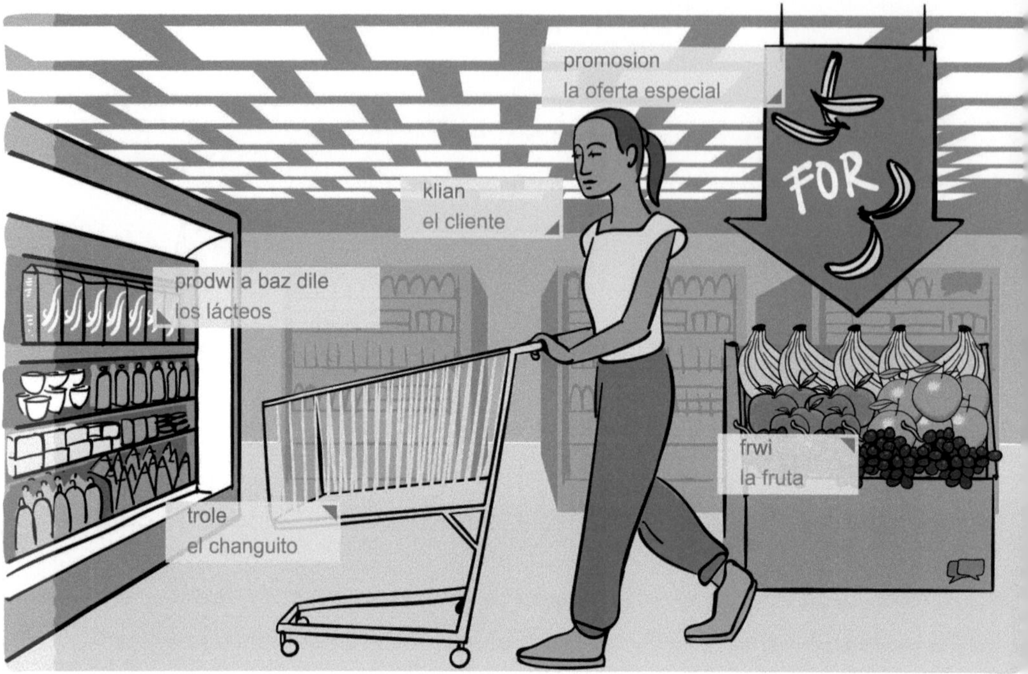

promosion
la oferta especial
FOR
klian
el cliente
prodwi a baz dile
los lácteos
frwi
la fruta
trole
el changuito

BUTCHERS

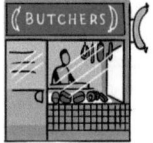

bousri

la carnicería

BAKERY

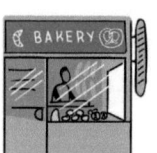

boulanzri

la panadería

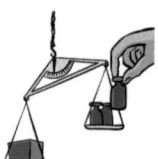

peze

pesar

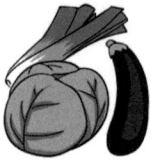

legim

las verduras

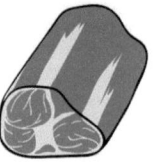

laviann

la carne

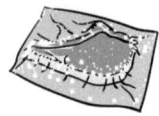

aliman konzele

los alimentos congelados

sarkitri

los fiambres

bwat konserv

los alimentos enlatados

lapoud masinn

el detergente en polvo

bonbon

las golosinas

komision

los electrodomésticos

deterzan

los productos de limpieza

vandez

la vendedora

lakes

la caja

kesie

el cajero

lalis komision

la lista de compras

ouvertir

el horario de atención

portfey

la billetera

kart kredi

la tarjeta de crédito

sak

la cartera

sak plastik

la bolsa de plástico

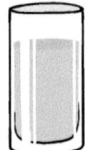

delo

el agua

zi

el jugo

dile

la leche

coca

la bebida cola

divin

el vino

labier

la cerveza

lalkol

el alcohol

sokola so

el cacao

dite

el té

kafe

el café

expresso

el café expreso

cappuccino

el cappuccino

banann

la banana

pom

la manzana

zoranz

la naranja

melon

el melón

sitron

el limón

karot

la zanahoria

lay

el ajo

banbou

el bambú

zwayon

la cebolla

sanpiyon

el champiñón

nwazet

las nueces

minn

los fideos

spageti

los tallarines

diri

el arroz

salad

la ensalada

chips

las papas fritas

pomdeter frir

las papas fritas

pizza

la pizza

burger

la hamburguesa

sandwich

el sándwich

eskalop

el churrasco

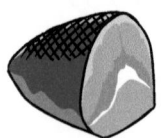

zanbon

el jamón

salami

el salame

sosis

la salchicha

poul

el pollo

roti

el asado

pwason

el pescado

oatmeal
los copos de avena

muesli
el muesli

kornbif
los copos de maíz

lafarinn
la harina

krwasan
la medialuna

ti-dipin
el pancito

dipin
el pan

dipin griye
la tostada

biskwi
las galletitas

diber
la manteca

fromaz blan
la cuajada

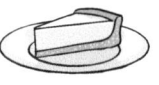

gato
la torta

dizef
el huevo

dizef frir
el huevo frito

fromaz
el queso

sorbe

el helado

disik

el azúcar

dimiel

la miel

konfitir

la mermelada

nouga

la pasta de chocolate

kari

el curry

laferm
la granja

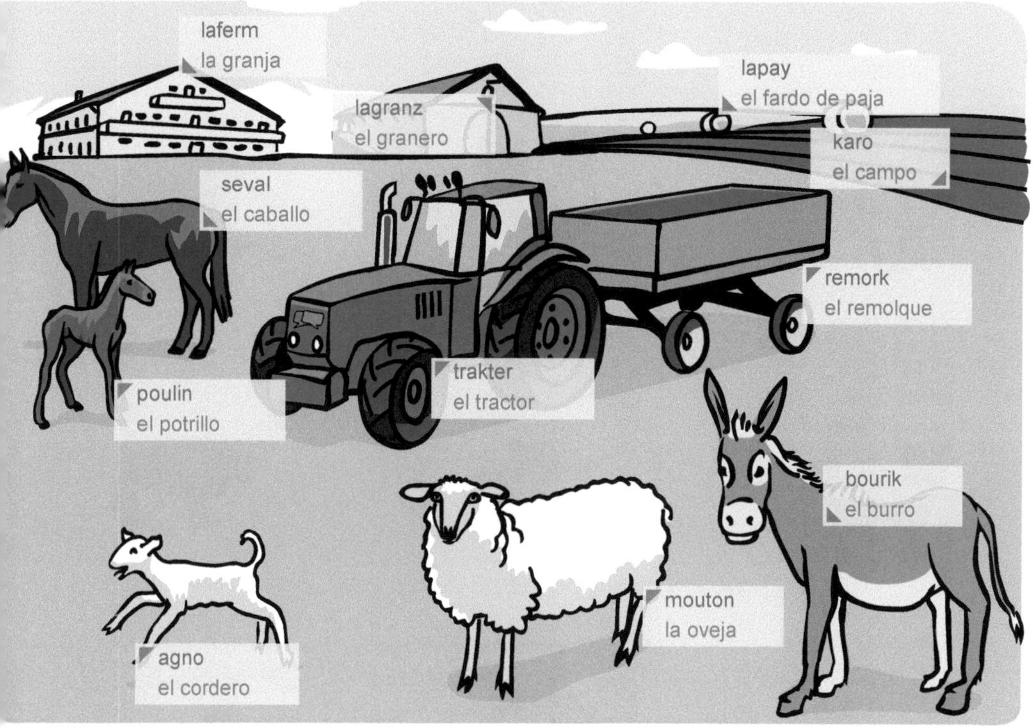
laferm
la granja
lagranz
el granero
lapay
el fardo de paja
karo
el campo
seval
el caballo
remork
el remolque
trakter
el tractor
poulin
el potrillo
bourik
el burro
mouton
la oveja
agno
el cordero

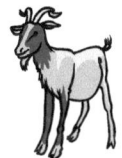

kabri
la cabra

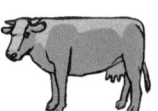

vas
la vaca

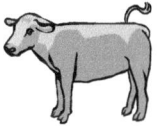

vo
el ternero

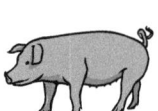

koson
el cerdo

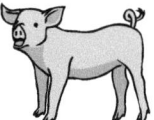

ti-koson
el lechón

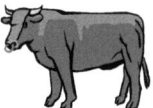

toro
el toro

lezwa

el ganso

kanar

el pato

pousin

el pollo

poul

la gallina

kok

el gallo

lera

la rata

sat

el gato

souri

el ratón

bef

el buey

lisien

el perro

lakaz lisien

la cucha

tiyo

la manguera

arozwar

la regadera

laserp

la guadaña

saret

el arado

fosi

la hoz

pios

la azada

fours

la horquilla

lars

el hacha

bouret

la carretilla

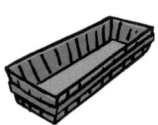

kiv

el abrevadero

bwat dile

la lechera

sak

la bolsa

fencing

la reja

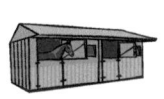

letab

el establo

laser

el invernadero

later

el suelo

lagrin

la semilla

langre

el fertilizador

masinn pou fer rekolt

la cosechadora

rekolte

cosechar

rekolt

la cosecha

ignam

las batatas

dible

el trigo

soya

la soja

pomdeter

la papa

may

el maíz

colza

la semilla de colza

zarb frwitie

el árbol frutal

maniok

la mandioca

sereal

los cereales

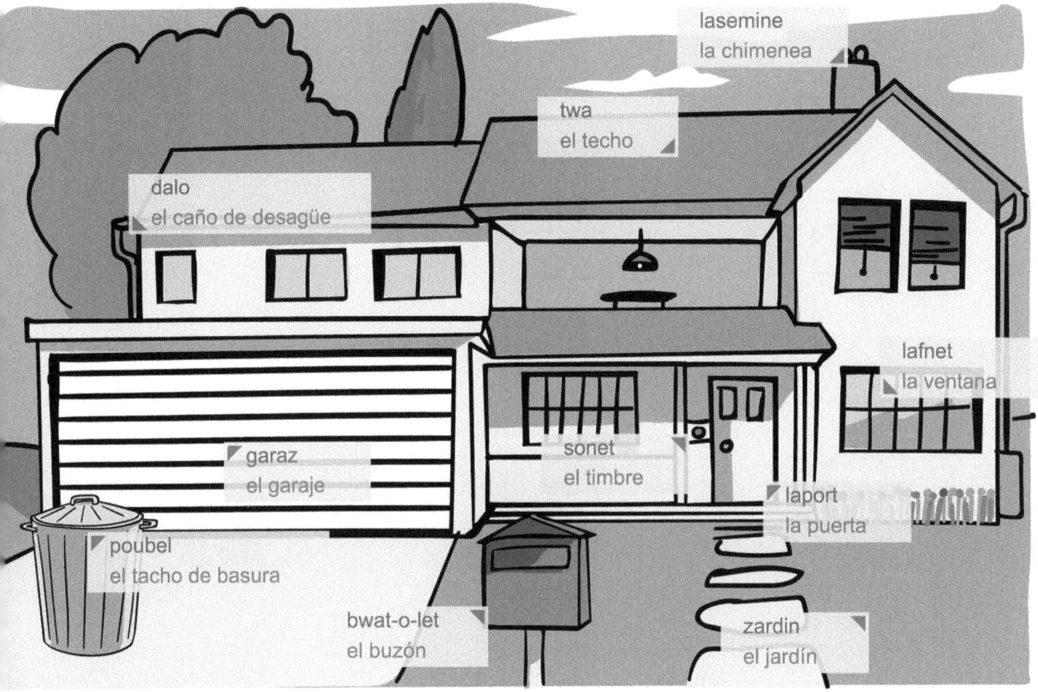

lasemine
la chimenea

twa
el techo

dalo
el caño de desagüe

lafnet
la ventana

garaz
el garaje

sonet
el timbre

laport
la puerta

poubel
el tacho de basura

bwat-o-let
el buzón

zardin
el jardín

salon

el living

saldebin

el baño

lakwizinn

la cocina

lasam

el dormitorio

lasam zanfan

el cuarto de los chicos

salamanze

el comedor

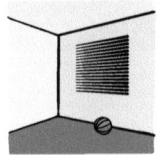

sali
el piso

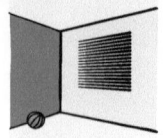

miray
la pared

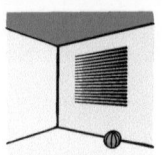

plafon
el cielorraso

lakav
el sótano

sona
el sauna

balkon
el balcón

teras
la terraza

pisinn
la pileta

masinn koup gazon
la cortadora de pasto

dra
la sábana

kwet
el acolchado

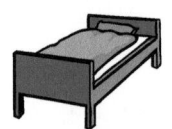

lili
la cama

balie
la escoba

seo
el balde

take lalimier
el interruptor

salon

el living

papie-pin
el empapelado
foto
la imagen
lalamp
la lámpara
letazer
el estante
larmwar
el armario
televizion
la televisión
lasemine
la chimenea
fler
la flor
kousin
el almohadón
sofa
el sofá
vaz
el florero
rimot-kontrol
el control remoto

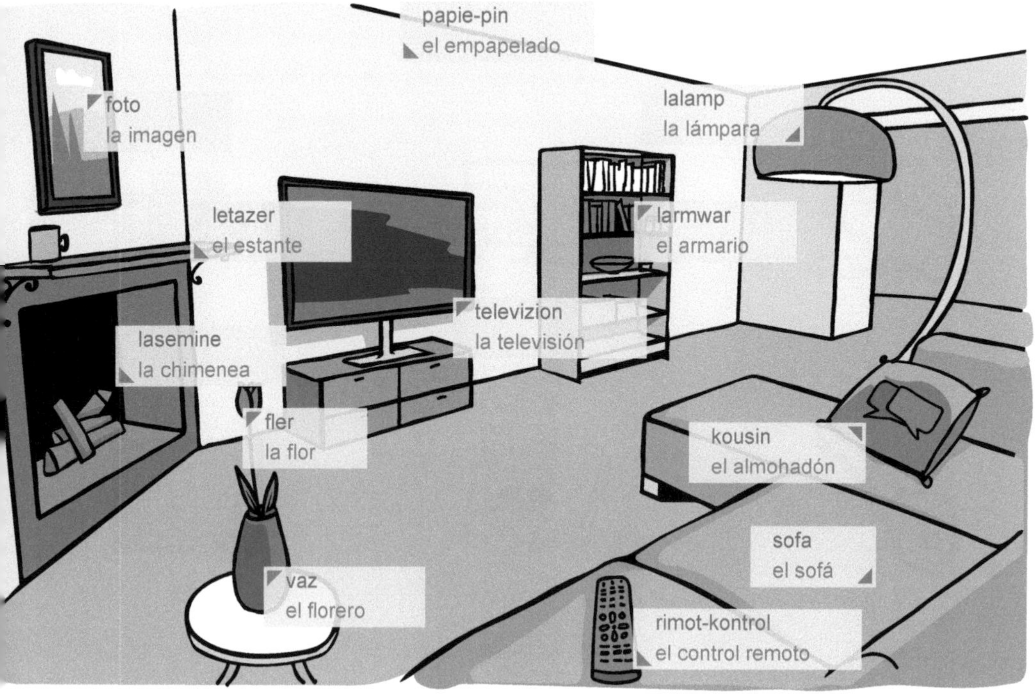

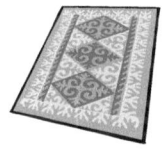

tapi

la alfombra

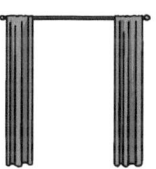

rido

la cortina

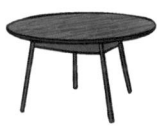

latab

la mesa

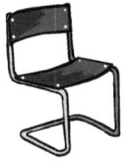

sez

la silla

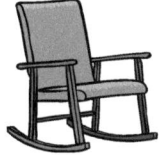

rocking chair

la mecedora

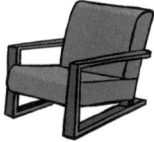

fotey

el sillón

liv

el libro

kouvertir

la frazada

dekorasion

la decoración

dibwa foye

la leña

fim

la película

hi-fi

el equipo de música

lakle

la llave

zournal

el diario

lapintir

la pintura

poster

el póster

radio

la radio

bloknot

el cuaderno

laspirater

la aspiradora

kaktis

el cactus

labouzi

la vela

lakwizinn
la cocina

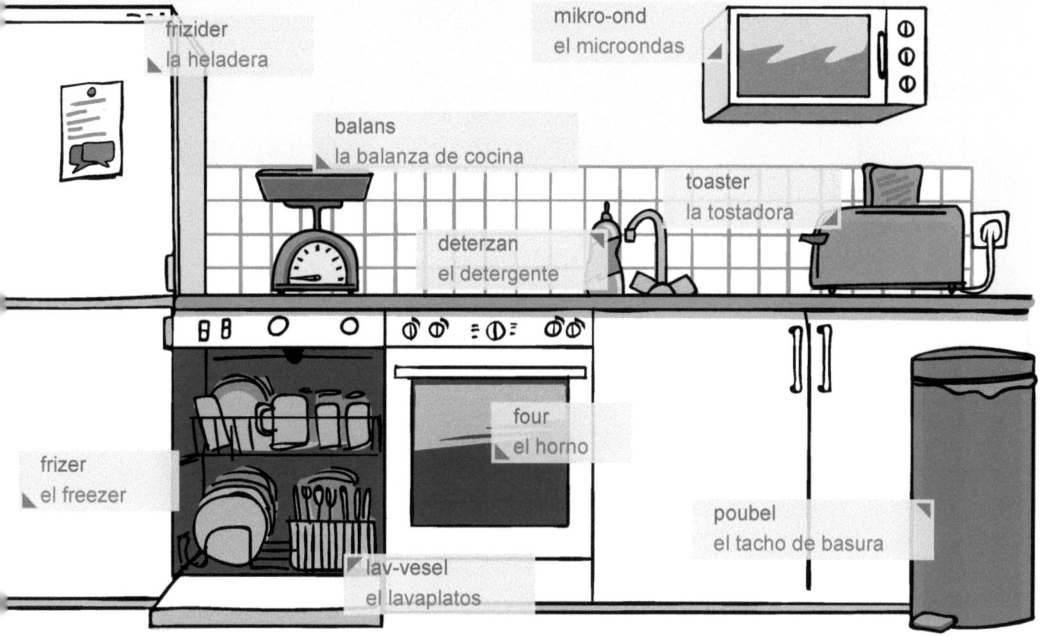

frizider
la heladera
mikro-ond
el microondas
balans
la balanza de cocina
toaster
la tostadora
deterzan
el detergente
four
el horno
frizer
el freezer
poubel
el tacho de basura
lav-vesel
el lavaplatos

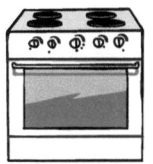

four

la cocina

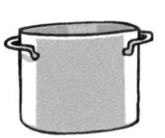

kasrol

la olla

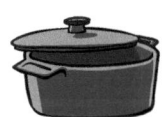

marmit

la olla de hierro fundido

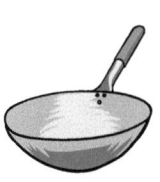

wok

el wok

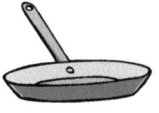

pwal

la sartén

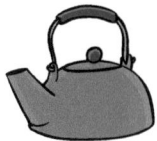

boulwar

la pava

steamer

la vaporera

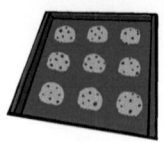

plak kwison

la bandeja de horno

vesel

la vajilla

goble

la taza

bol

el bol

baget sinwa

los palitos

lous

el cucharón

spatil

la espátula

fwet

la batidora

paswar

el colador

tami

el colador

larap

el rallador

mortie

el mortero

griyad

la parrilla

lasemine

la fogata

biyo

la tabla de picar

roulo

el palo de amasar

tirbouson

el sacacorchos

bwat konserv

la lata

ouvbwat

el abrelatas

legan proteksion

la manopla

lavabo

la pileta

bros

el cepillo

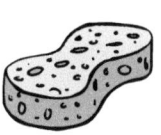

leponz

la esponja

blender

la batidora

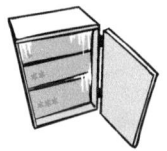

konzelater

el congelador

bibron

la mamadera

robine

la canilla

saldebin
el baño

sofaz
la calefacción
serviet
la toalla
dous
la ducha
rido dous
la cortina de la ducha
bin mousan
el baño de espuma
benwar
la bañadera
ver
el vaso
masinn lave
el lavarropas
robine
la canilla
karo
las baldosas
potsam
la pelela
lavabo
la pileta

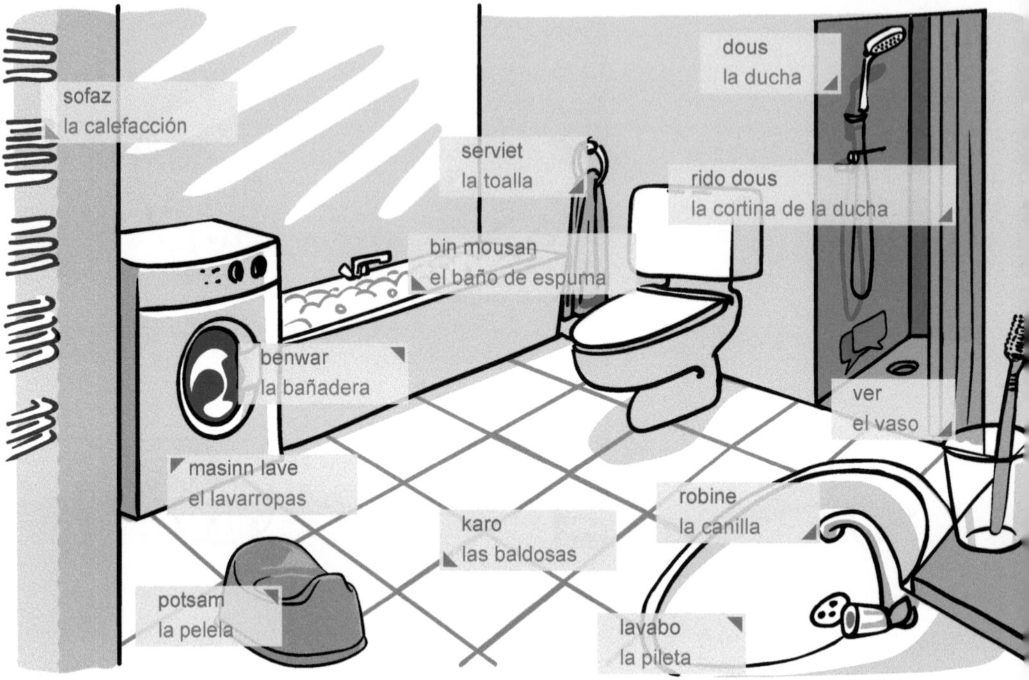

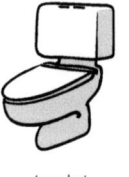

twalet

el inodoro

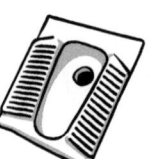

twalet

la letrina

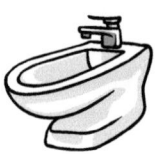

bide

el bidé

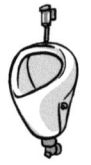

piswar

el mingitorio

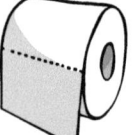

papie twalet

el papel higiénico

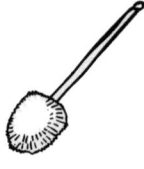

bros twalet

el cepillo para el inodoro

bros ledan

el cepillo de dientes

dantifris

el dentífrico

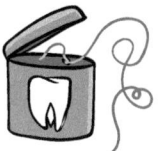

fil danter

el hilo dental

lave

lavar

ti-bin

la ducha de mano

dous

la ducha higiénica

basin

la palangana

bros ledo

el cepillo para la espalda

savon

el jabón

zel dous

el gel de ducha

sanpwin

el shampoo

gandebin

la toallita

drin

el desagüe

lakrem

la crema

deodoran

el desodorante

mirwar

el espejo

mirwar

el espejito

razwar

la maquinita de afeitar

lamous pou raze

la espuma de afeitar

apre-razaz

el aftershave

pengn

el peine

bros

el cepillo

seswar

el secador de pelo

lak

el spray

makiyaz

el maquillaje

dirouz

el lápiz de labios

verni

el esmalte para uñas

cotton wool

el algodón

tay-zong

la tijera para uñas

parfin

el perfume

trous twalet

el portacosméticos

stoul

la banqueta

balans

la balanza

penwar

la bata

legan netwayaz

los guantes de goma

tanpon

el tampón

serviet izienik

la toallita femenina

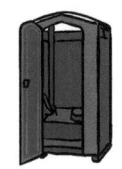

twalet simik

el baño químico

lasam zanfan
el cuarto de los chicos

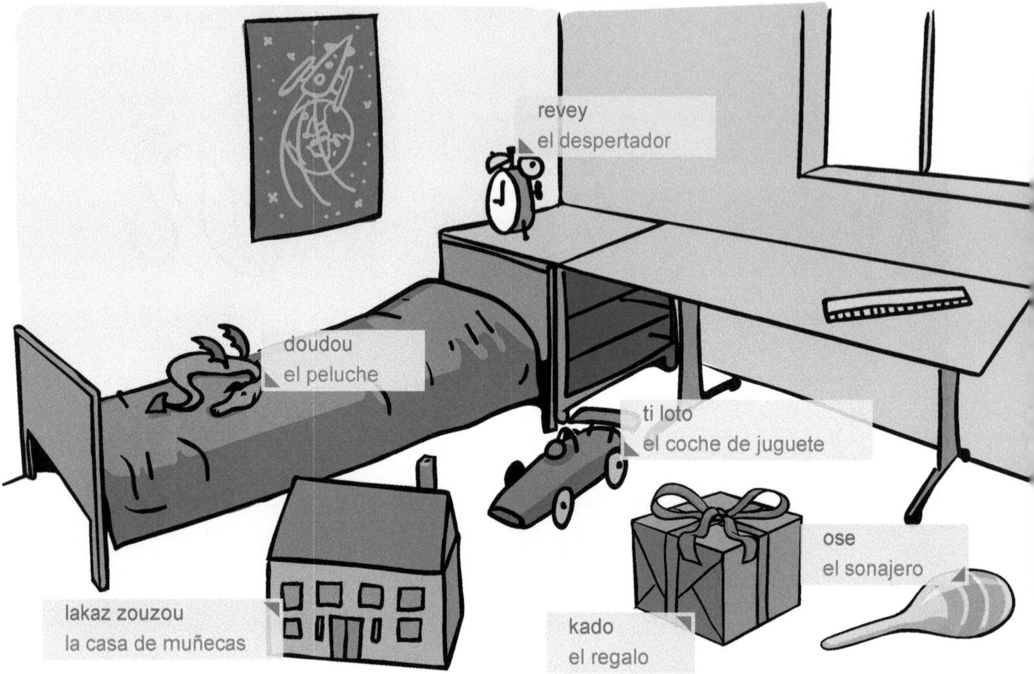

revey
el despertador
doudou
el peluche
ti loto
el coche de juguete
ose
el sonajero
lakaz zouzou
la casa de muñecas
kado
el regalo

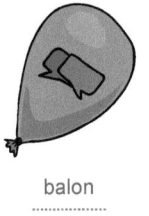

balon
el globo

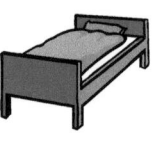

lili
la cama

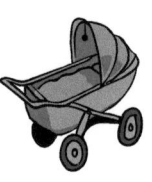

pouset
el cochecito

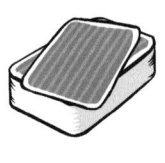

kart
las cartas

puzzle
el rompecabezas

SUPER
MEGA

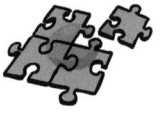

tikomik
la historieta

lego

las piezas de lego

lego

los ladrillos de juguete

figirinn

la figura de acción

grenouyer

el enterito (de bebé)

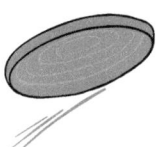

frisbee

el frisbee

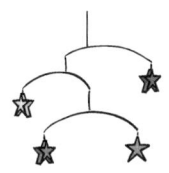

mobil

el móvil para bebés

zwe

el juego de mesa

lede

los dados

trin zouzou

el tren eléctrico

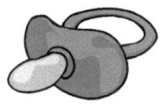

siset

el chupete

fet

la fiesta

liv ek zimaz

el libro de cuentos ilustrado

boul

la pelota

poupet

la muñeca

zwe

jugar

bak-a-sab

el arenero

balanswar

la hamaca

zouzou

los juguetes

game

la consola de videojuegos

trisik

el triciclo

nounours

el osito de peluche

larmwar

el armario

linz

la ropa

soset

las medias

leba

las medias panty

kolan

las calzas

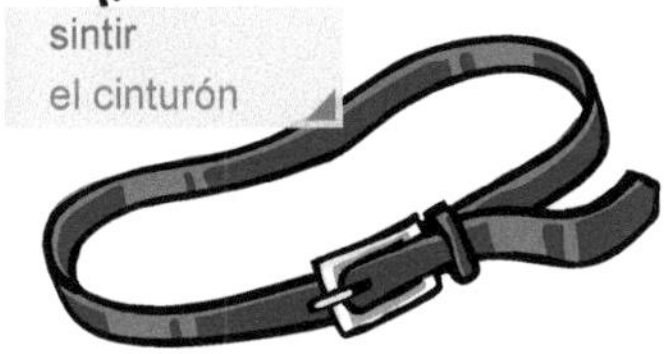

esarp
la bufanda

parapli
el paraguas

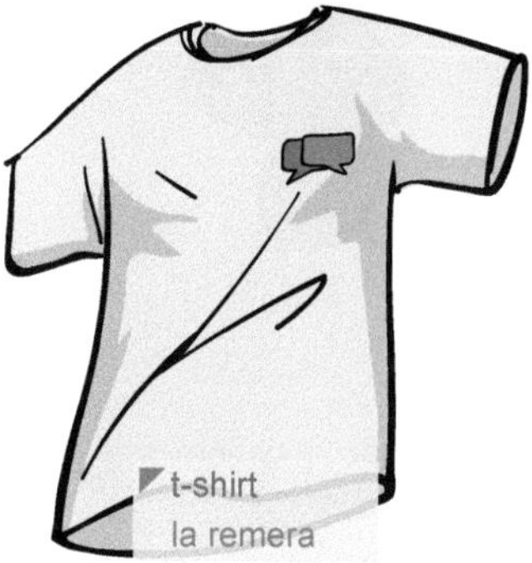

sintir
el cinturón

t-shirt
la remera

tenis
las zapatillas

bot
las botas

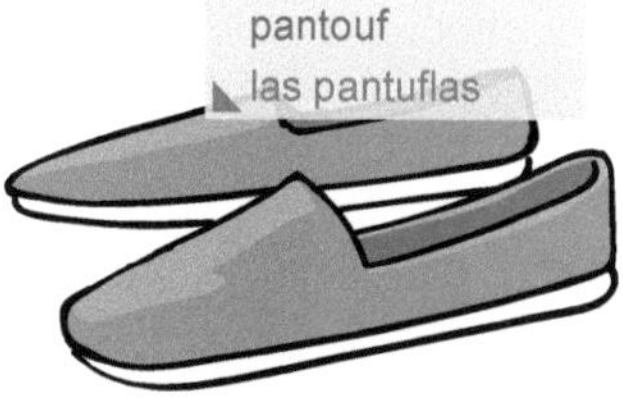

pantouf
las pantuflas

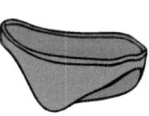

sandalet
las sandalias

soulie
los zapatos

bot an karotsou
las botas de goma

souvetman
la ropa interior

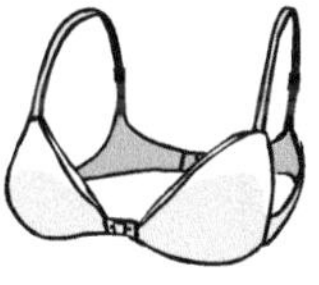

soutiengorz
el corpiño

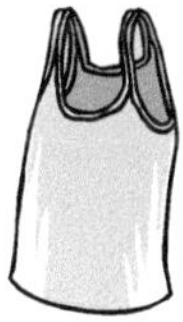

vest
el chaleco

body
el body

pantalon
los pantalones

jeans
los jeans

zip
la pollera

blouz
la blusa

simiz
la camisa

pull-over
el pulóver

blouzon ek kapison
el buzo

vest
el blazer

jaket
la campera

manto
el tapado

pardesi
el piloto

kostim
el traje

rob
el vestido

rob lamarye
el vestido de novia

kostim

el traje

robdesam

el camisón

pizama

el pijama

sari

el sari

foular

el pañuelo para la cabeza

tirban

el turbante

bourka

la burka

kaftan

el caftán

abaya

la abaya

mayo de bin

el traje de baño

mayo de bin

el short de baño

sorti de sekour

los shorts

linz spor

el jogging

tabliye

el delantal

legan

los guantes

bouton
el botón

linet
los anteojos

brasle
la pulsera

kolie
el collar

bag
el anillo

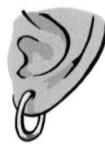

zanon
el aro

bone
la gorra

sint
la percha

sapo
el sombrero

kravat
la corbata

fermetirekler
el cierre

elmet
el casco

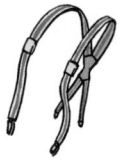

bretel
los tiradores

iniform lekol
el uniforme escolar

iniform
el uniforme

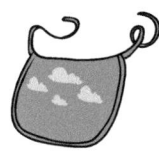

bavwar

el babero

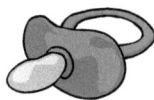

siset

el chupete

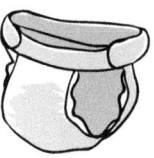

lanz

el pañal

biro

la oficina

server
el servidor
larmwar arsiv
el archivero
printer
la impresora
papie
el papel
lekran
el monitor
mouse
el mouse
biro
el escritorio
klaser
la carpeta
klavie
el teclado
poubel
el tacho (de basura)
ordinater
la computadora
sez
la silla

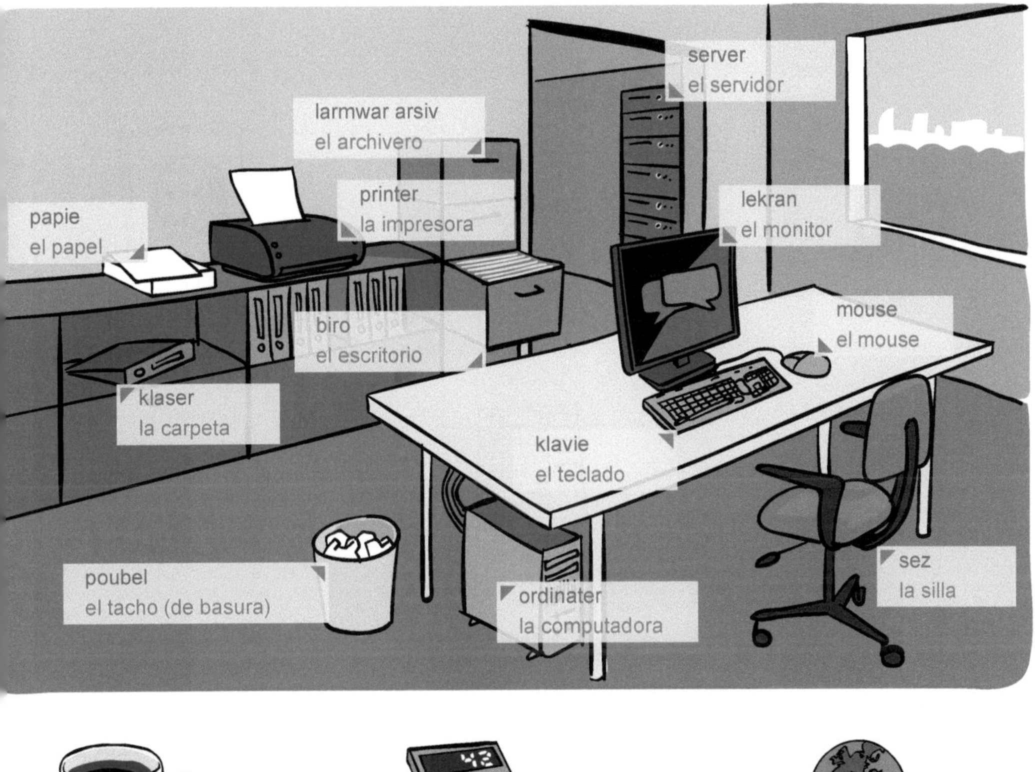

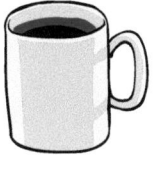

mug

la taza de café

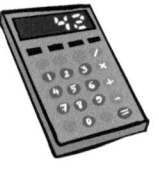

kalkilatris

la calculadora

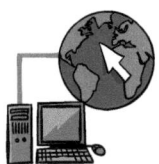

internet

el internet

laptop

la laptop

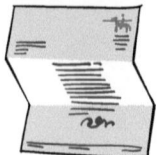

let

la carta

mesaz

el mensaje

portab

el celular

rezo

la red

fotokopi

la fotocopiadora

lozisiel

el software

telefonn

el teléfono

priz

el tomacorriente

fax

el fax

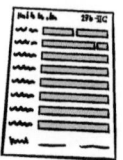

form

el formulario

dokiman

el documento

aste

comprar

peye

pagar

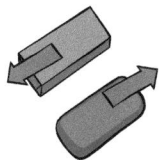

fer biznes

hacer negocios

larzan

el dinero

dolar

el dólar

euro

el euro

yen

el yen

rouble

el rublo

fran swis

el franco suizo

renminbi yuan

el yuan

roupi

la rupia

distribiter biye

el cajero automático

biro sanz

la casa de cambio

lor

el oro

larzan

la plata

petrol

el petróleo

lenerzi

la energía

pri

el precio

kontra

el contrato

tax

el impuesto

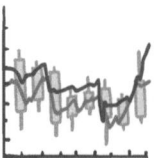

aksion

la acción

travay

trabajar

anplwaye

el empleado

anplwayer

el empleador

lizinn

la fábrica

magazin

el negocio

travay
las ocupaciones

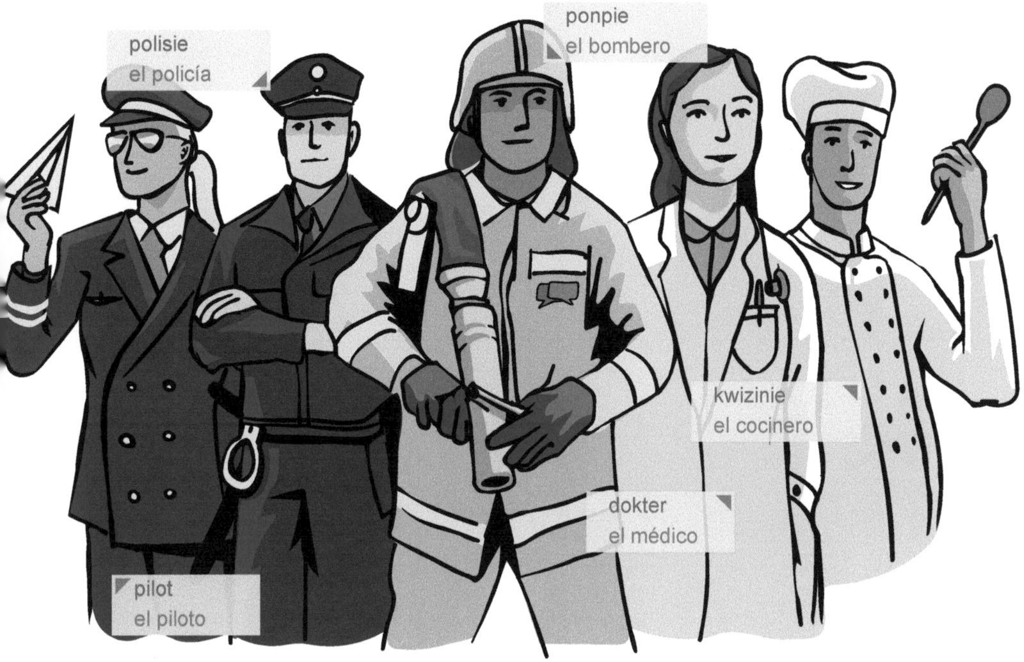
polisie
el policía
ponpie
el bombero
kwizinie
el cocinero
dokter
el médico
pilot
el piloto

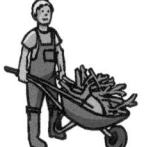

zardinie

el jardinero

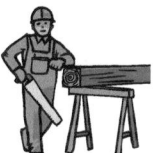

sarpantie

el carpintero

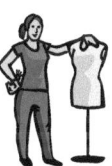

koutirier

la modista

ziz

el juez

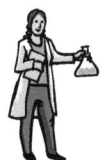

simis

el farmacéutico

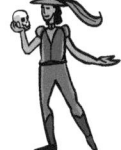

akter

el actor

sofer bis

el colectivero

sofer taxi

el taxista

peser

el pescador

bonn

la mucama

zouvriye twa lakaz

el techista

server

el mozo

saser

el cazador

pint

el pintor

boulanze

el panadero

elektrisien

el electricista

zouvriye

el albañil

inzenier

el ingeniero

bouse

el carnicero

plonbie

el plomero

fakter

el cartero

solda

el soldado

arsitek

el arquitecto

kesie

el cajero

fleris

el florista

kwafez

el peluquero

chek

el cobrador

mekanisien

el mecánico

kapitenn

el capitán

dantis

el dentista

siantis

el científico

rabi

el rabino

imam

el imán

mwann

el monje

pret

el sacerdote

zouti
las herramientas

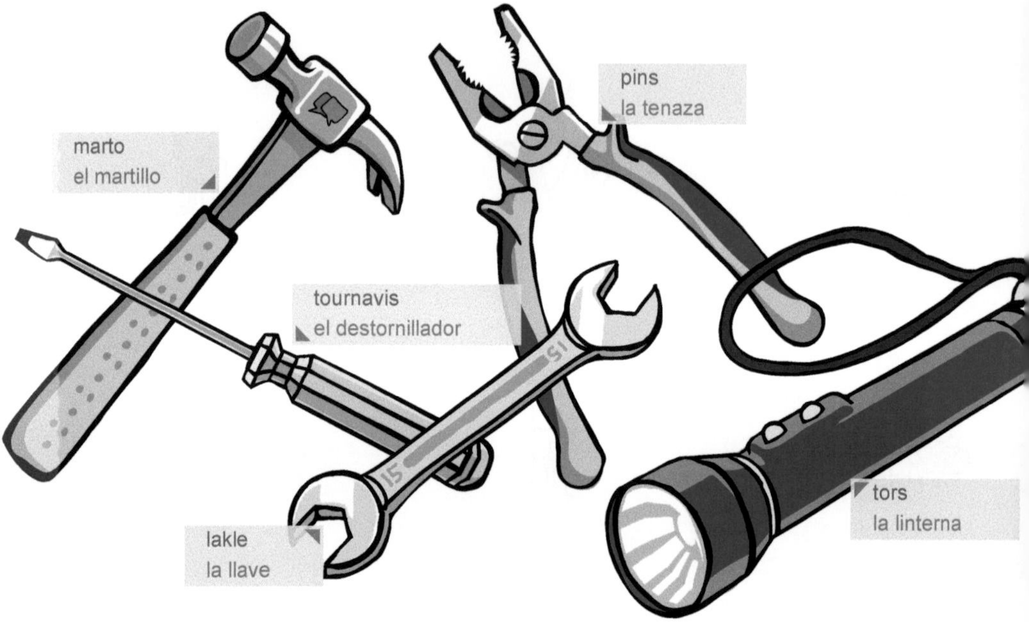

marto
el martillo
pins
la tenaza
tournavis
el destornillador
lakle
la llave
tors
la linterna

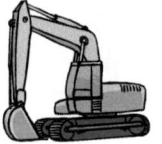

peltez

la excavadora

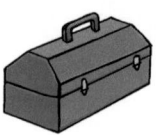

bwat zouti

la caja de herramientas

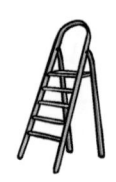

lesel

la escalera portátil

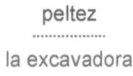

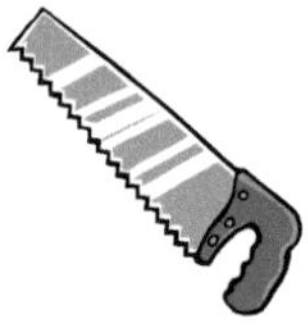

lasi

la sierra

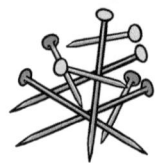

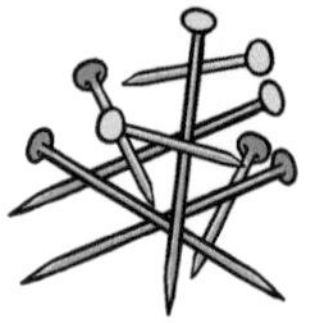

koulou

los clavos

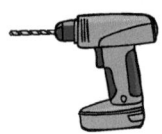

persez

el taladro

aranze
arreglar

lapel
la pala de jardín

Ayo!
¡Qué bronca!

lapel
la pala de plástico

po lapintir
el tacho de pintura

vis
los tornillos

instriman lamizik
los instrumentos musicales

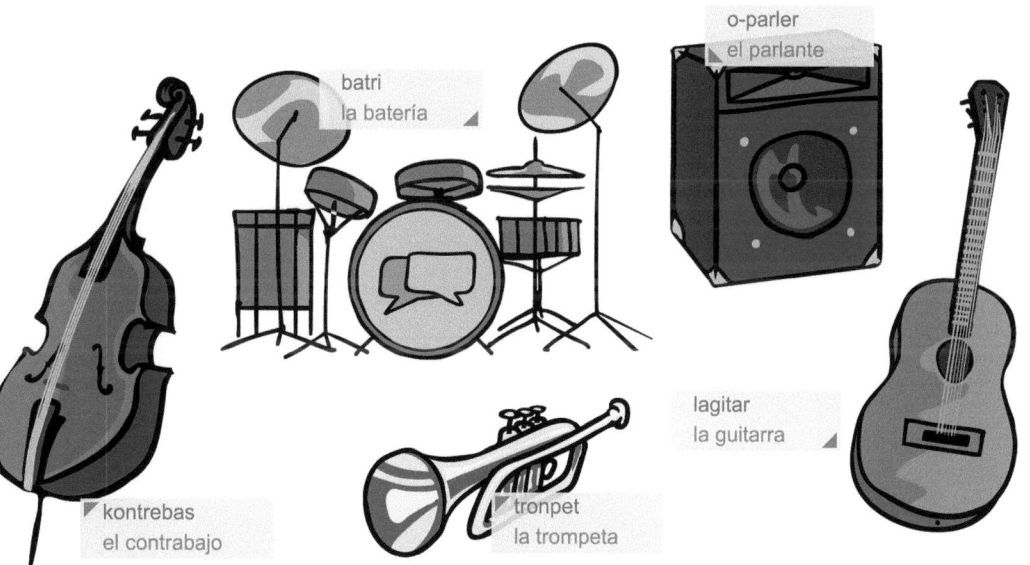

batri
la batería

o-parler
el parlante

lagitar
la guitarra

kontrebas
el contrabajo

tronpet
la trompeta

piano
el piano

violon
el violín

bas
el bajo

tinbal
los timbales

tanbour
el tambor

klavie
el teclado

saxofonn
el saxofón

laflit
la flauta

mikro
el micrófono

el zoológico

tig
el tigre

lantre
la entrada

kaz
la jaula

zeb
la cebra

manze pou zanimo
el alimento para animales

panda
el oso panda

zanimo
los animales

lelefan
el elefante

kangourou
el canguro

rinoceros
el rinoceronte

gori
el gorila

lours
el oso

samo

el camello

lotris

el avestruz

lion

el león

zako

el mono

flaman roz

el flamenco

peroke

el loro

lours poler

el oso polar

pingwi

el pingüino

rekin

el tiburón

pan

el pavo real

serpan

la serpiente

krokodil

el cocodrilo

gardien zoo

el cuidador del zoológico

fok

la foca

zagwar

el jaguar

poney

el poni

leopar

el leopardo

ipopotam

el hipopótamo

ziraf

la jirafa

leg

el águila

sangliye

el jabalí

pwason

el pescado

torti

la tortuga

mors

la morsa

renar

el zorro

gazel

la gacela

foutborl ameriken
el fútbol americano

siklism
el ciclismo

tenis
el tenis

basketball
el básquet

natasion
la natación

labox
el boxeo

oke lor gazon
el hockey sobre hielo

foutborl
el fútbol

badminton
el bádminton

atletism
el atletismo

handball
el handball

ski
el esquí

polo
el polo

aktivite
las actividades

riye
reír
sote
saltar
maye
abrazar
marse
caminar
sante
cantar
reve
soñar
priye
rezar
anbrase
besar

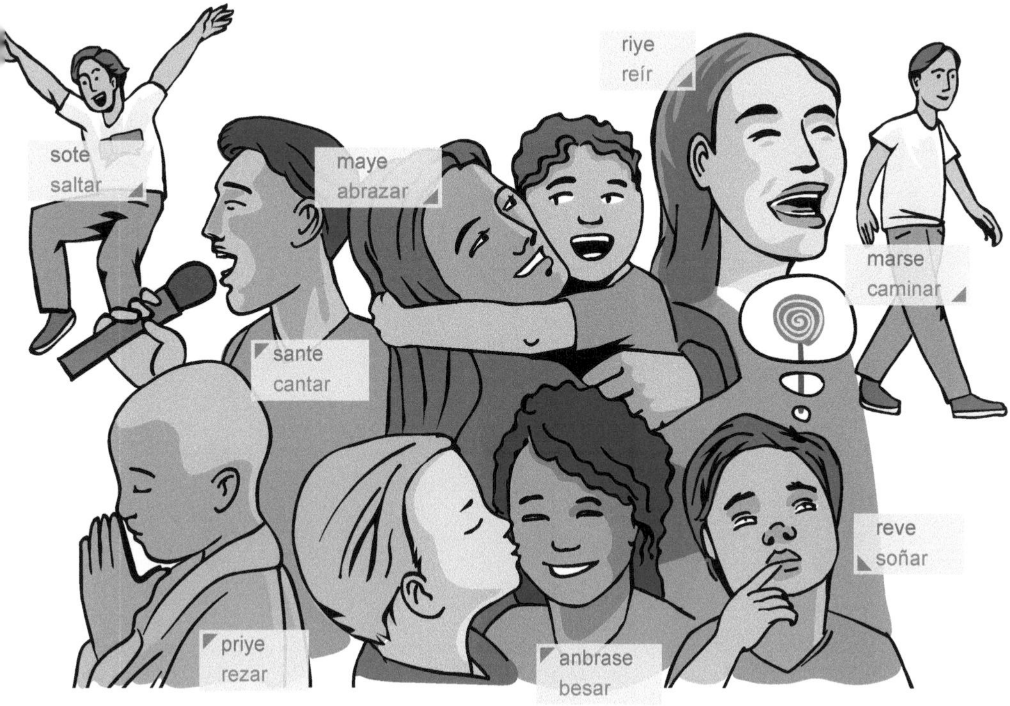

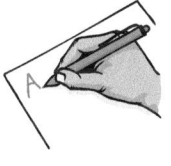

ekrir
escribir

desine
dibujar

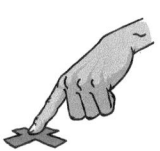

montre
mostrar

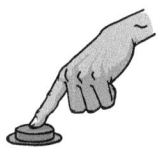

pouse
presionar

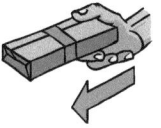

done
dar

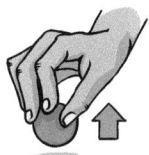

pran
tomar

ena
....
tener

fer
....
hacer

ete
....
ser

diboute
....
estar parado

galoupe
....
correr

rise
....
tirar

zete
....
tirar

tonbe
....
caer

alonze
....
estar acostado

atann
....
esperar

amene
....
llevar

asize
....
estar sentado

abiye
....
vestirse

dormi
....
dormir

leve
....
despertar

gete

mirar

plore

llorar

karese

acariciar

pengne

peinar

koze

hablar

konpran

entender

dimande

preguntar

ekoute

escuchar

bwar

beber

manze

comer

netwaye

ordenar

kontan

amar

kwi

cocinar

kondir

manejar

anvole

volar

fer lavwal

navegar

kalkile

calcular

lir

leer

aprann

aprender

travay

trabajar

marye

casarse

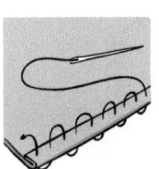

koud

coser

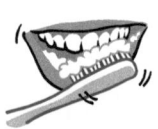

bros ledan

cepillarse los dientes

touye

matar

fime

fumar

avoye

enviar

granmer
la abuela

granper
el abuelo

papa
el padre

mama
la madre

ti-baba
el bebé

tifi
la hija

garson
el hijo

ot

el invitado

matant

la tía

tonton

el tío

frer

el hermano

ser

la hermana

lekor

el cuerpo

fron
la frente
lizie
el ojo
zepol
el hombro
ledwa
el dedo
figir
la cara
manton
la pera
lame
la mano
tete
el pecho
lazam
la pierna
lebra
el brazo

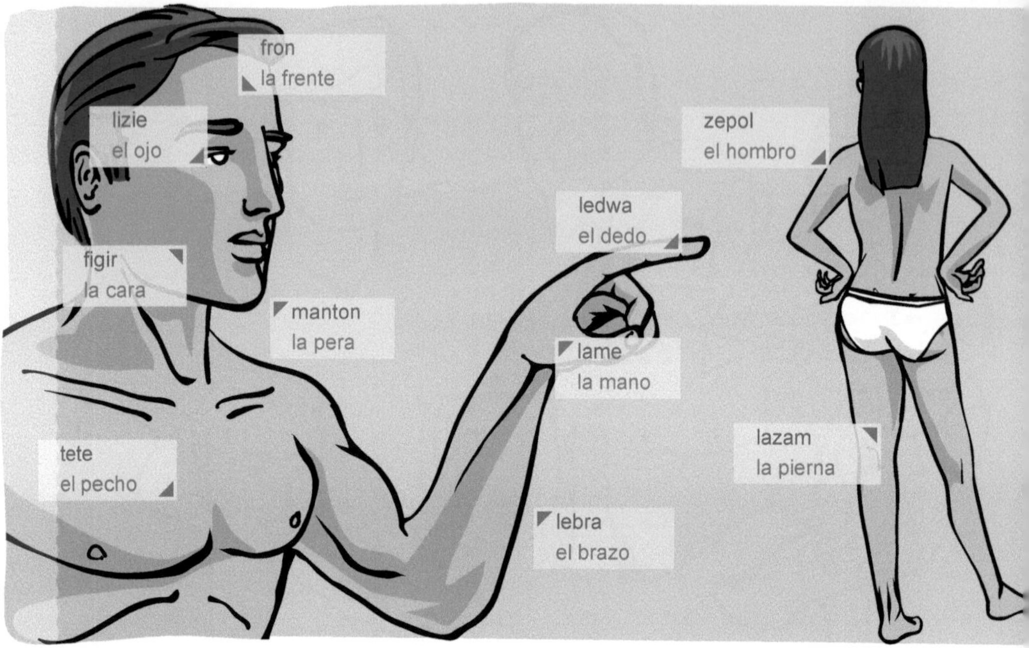

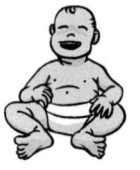

ti-baba

el bebé

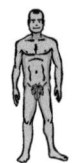

zom

el hombre

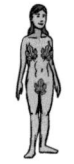

fam

la mujer

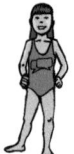

tifi

la nena

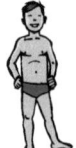

ti-garson

el nene

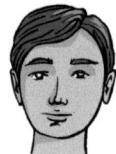

latet

la cabeza

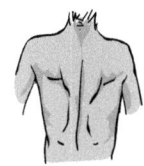

ledo

la espalda

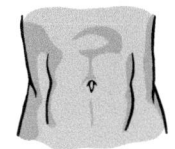

vant

la panza

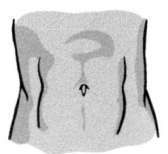

lonbri

el ombligo

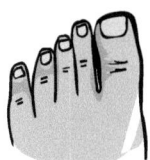

zortey

el dedo del pie

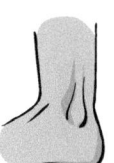

talon

el talón

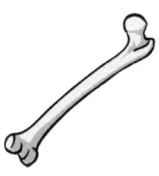

lezo

el hueso

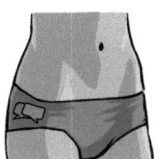

laans

la cadera

zenou

la rodilla

koud

el codo

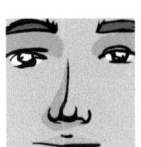

nene

la nariz

fes

la cola

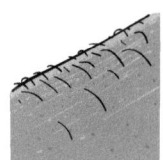

lapo

la piel

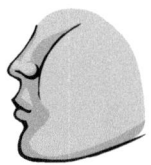

lazou

el cachete

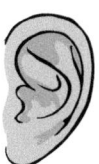

zorey

la oreja

lalev

el labio

labous

la boca

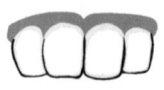

ledan

el diente

lalang

la lengua

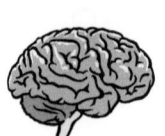

servo

el cerebro

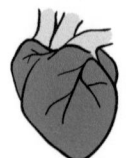

leker

el corazón

mix

el músculo

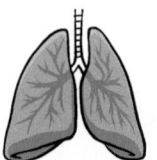

poumon

el pulmón

lefwa

el hígado

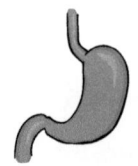

lestoma

el estómago

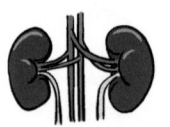

lerin

los riñones

sex

el sexo

kapot

el preservativo

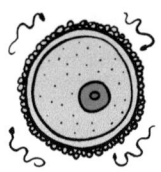

ovil

el óvulo

sperm

el semen

groses

el embarazo

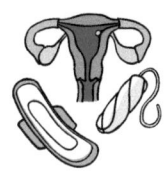

period

la menstruación

vazin

la vagina

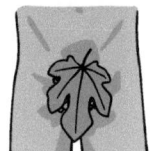

penis

el pene

soursi

la ceja

seve

el pelo

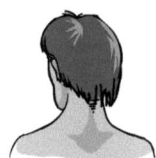

likou

el cuello

lopital
el hospital

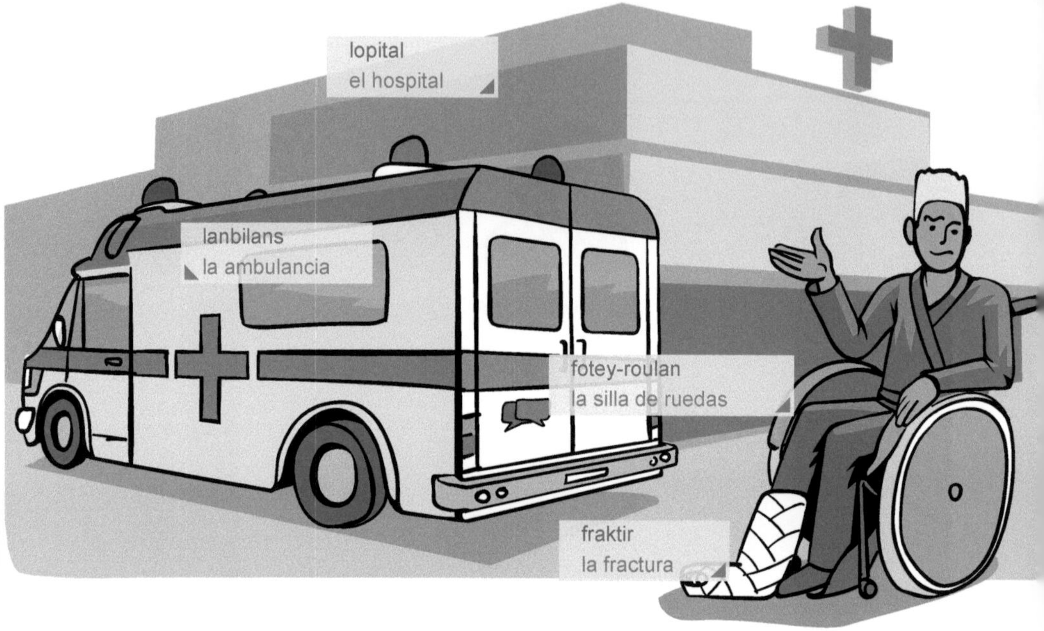

lopital
el hospital
lanbilans
la ambulancia
fotey-roulan
la silla de ruedas
fraktir
la fractura

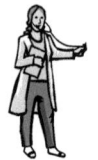

dokter

el médico

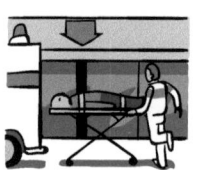

servis irzans

la sala de guardia

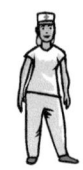

ners

la enfermera

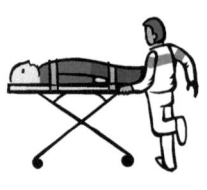

irzans

la emergencia

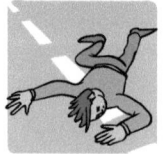

inkonsian

inconsciente

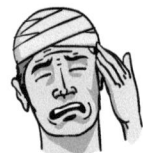

douler

el dolor

blesir

la lesión

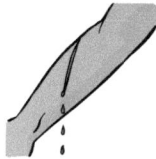

emorazi

la hemorragia

kriz kardiak

el infarto

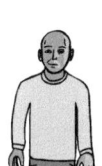

atak serebral

el ACV

alerzik

la alergia

touse

la tos

lafiev

la fiebre

lagrip

la gripe

diare

la diarrea

malad latet

el dolor de cabeza

kanser

el cáncer

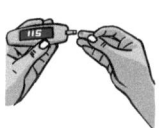

diabet

la diabetes

sirirzien

el cirujano

skalpel

el bisturí

operasion

la operación

CT
la TC

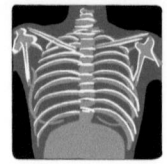

x-ray
los rayos x

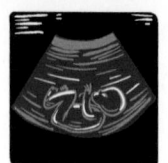

iltrason
la ecografía

mask
el barbijo

maladi
la enfermedad

sal-datant
la sala de espera

beki
la muleta

pansman
la curita

bandaz
la venda

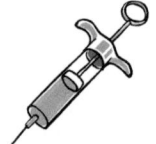

inzeksion
la inyección

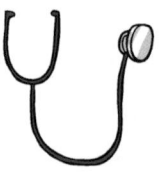

stetoskop
el estetoscopio

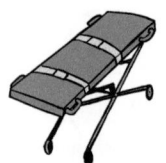

brankar
la camilla

termomet
el termómetro

nesans
el nacimiento

sirpwa
el sobrepeso

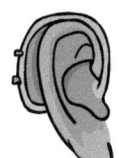

laparey oditif

el audífono

dezinfektan

el desinfectante

infeksion

la infección

viris

el virus

HIV / SIDA

el VIH / SIDA

medsinn

el remedio

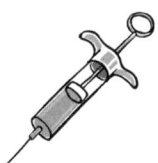

vaksinasion

la vacunación

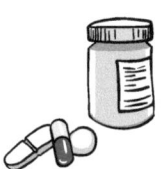

konprime

los comprimidos

pilil kontraseptif

la pastilla anticonceptiva

korl irzans

la llamada de emergencia

laparey tansion

el tensiómetro

malad / bien

enfermo / sano

o-sekour

¡Ayuda!

alarm

la alarma

atak

la agresión

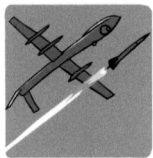

atak

el ataque

danze

el peligro

sorti de sekour

la salida de emergencia

Dife!

¡Fuego!

laponp dife

el matafuego

aksidan

el accidente

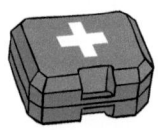

kit first aid

el botiquín de primeros
auxilios

SOS

el SOS

lapolis

la policía

lerop

Europa

Lamerik di nor

América del Norte

Lamerik di sid

América del Sur

lafrik

África

lazi

Asia

lostrali

Australia

latlantik

el Atlántico

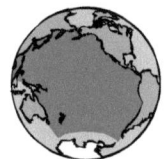

pasifik

el Pacífico

losean indien

el Océano Índico

losean antartik

el Océano Antártico

losean artik

el Océano Ártico

Pol Nor

el polo norte

Pol Sid

el polo sur

lantartik

la Antártida

later

la Tierra

later

la tierra

lamer

el mar

zil

la isla

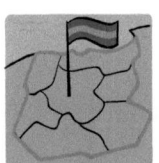

nasion

la nación

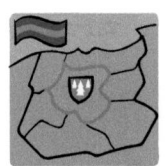

leta

el estado

kadran

la esfera

zegwi ler

la manecilla de las horas

zegwi minit

el minutero

zegwi segonn

el segundero

ki ler la ?

¿Qué hora es?

zour

el día

letan

la hora

aster-la

ahora

mont dizital

el reloj digital

minit

el minuto

ler

la hora

lasemenn

la semana

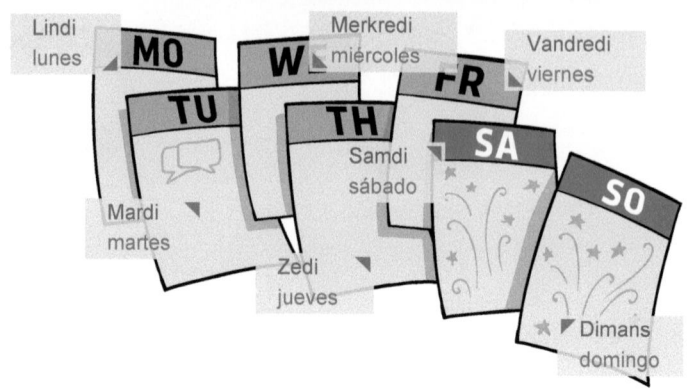

Lindi / lunes
Mardi / martes
Merkredi / miércoles
Zedi / jueves
Vandredi / viernes
Samdi / sábado
Dimans / domingo

yer

ayer

zordi

hoy

demin

mañana

gramatin

la mañana

midi

el mediodía

aswar

la tarde

zour travay

los días hábiles

wikenn

el fin de semana

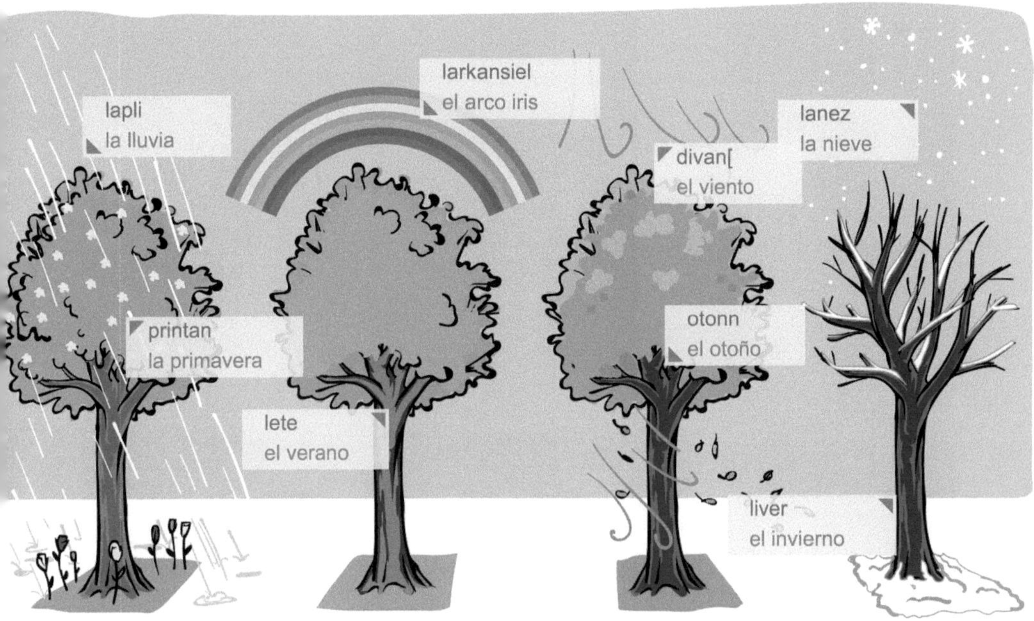

larkansiel
el arco iris
lapli
la lluvia
lanez
la nieve
divan[
el viento
printan
la primavera
otonn
el otoño
lete
el verano
liver
el invierno

4.APRIL 11°
5.APRIL 4°
6.APRIL 13°
7.APRIL 8°
8.APRIL 10°

meteo

el pronóstico meteorológico

F C
120 40
90 30
60 20
30 10
0 0
-30 -10
-20

termomet

el termómetro

lalimier soley

la luz del sol

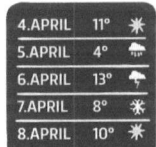

niaz

la nube

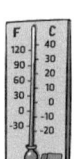

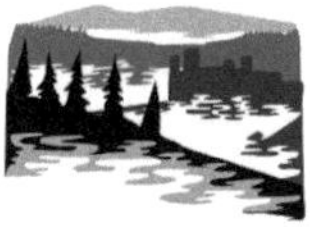

brouyar

la niebla

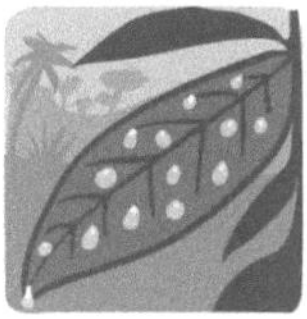

limidite

la humedad

lafoud

el rayo

toner

el trueno

tanpet

la tormenta

lagrel

el granizo

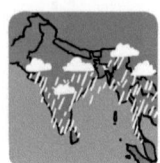

mouson

el monzón

inondasion

la inundación

laglas

el hielo

Zanvie

enero

Fevriye

febrero

Mars

marzo

Avril

abril

Me

mayo

Zien

junio

Zilie

julio

Out

agosto

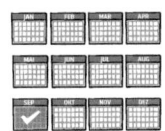

Septam

septiembre

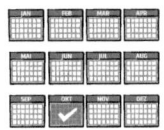

Oktob

octubre

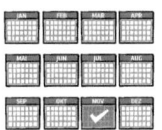

Novam

noviembre

Desam

diciembre

form

las formas

ron

el círculo

kare

el cuadrado

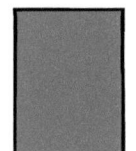

rektang

el rectángulo

triang

el triángulo

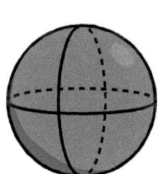

sfer

la esfera

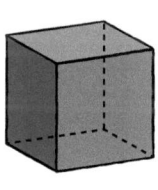

kib

el cubo

blan

blanco

zonn

amarillo

oranz

naranja

roz

rosa

rouz

rojo

mov

violeta

ble

azul

ver

verde

maron

marrón

gri

gris

nwar

negro

boukou / enn tigit

mucho / poco

ankoler / kalm

enojado / tranquilo

zoli / vilin

lindo / feo

koumansman / lafin

el principio / el fin

gro / tipti

grande / chico

kler / obskirite

claro / oscuro

frer / ser

el hermano / la hermana

prop / sal

limpio / sucio

konple / inkonple

completo / incompleto

lizour / lanwit

el día / la noche

vivan / mor

muerto / vivo

larz / sere

ancho / angosto

komestib / inkomestib

comestible / no comestible

move / bon

malo / amable

exsite / agase

entusiasmado / aburrido

gra / mins

gordo / flaco

premie / dernie

primero / último

kamwad / lennmi

el amigo / el enemigo

ranpli / vid

lleno / vacío

dir / mou

duro / blando

lour / leze

pesado / liviano

fin / swaf

el hambre / la sed

malad / bien

enfermo / sano

ilegal / legal

ilegal / legal

intelizan / kouyon

inteligente / estúpido

gos / drwat

izquierda / derecha

pre / lwin

cerca / lejos

nouvo / ize
nuevo / usado

nanye / kiksoz
nada / algo

vie / zenn
viejo / joven

demare / arete
encendido / apagado

ouver / ferme
abierto / cerrado

trankil / for
silencioso / ruidoso

ris / pov
rico / pobre

bon / move
correcto / incorrecto

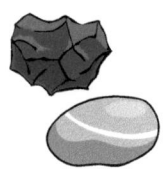

brit / lis
áspero / suave

tris / zwaye
triste / contento

kourt / long
corto / largo

lan / rapid
lento / rápido

tranpe / sek
mojado / seco

so / fre
caliente / frío

lager / lape
guerra / paz

0

zero

cero

1

enn

uno

2

de

dos

3

trwa

tres

4

kat

cuatro

5

sink

cinco

6

sis

seis

7

set

siete

8

wit

ocho

9

nef

nueve

10

distribiter biye

diez

11

onz

once

12
douz

doce

13
trez

trece

14
katorz

catorce

15
kinz

quince

16
sez

dieciséis

17
diset

diecisiete

18
dizwit

dieciocho

19
diznef

diecinueve

20
vin

veinte

100
san

cien

1.000
mil

mil

1.000.000
milyon

el millón

Angle

el inglés

Angle Lamerik

el inglés americano

Mandarin Sinwa

el chino mandarín

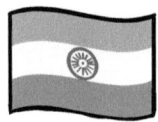

Hindi

el hindi

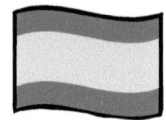

espagnol

el español

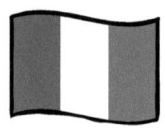

Franse

el francés

Arab

el árabe

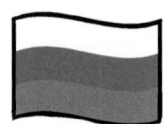

Ris

el ruso

Portige

el portugués

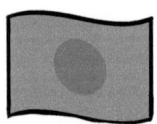

Bengali

el bengalí

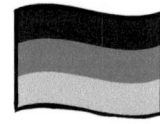

Alman

el alemán

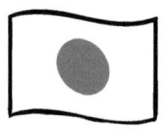

Zapone

el japonés

mo

yo

to

vos

li

él / ella

nou

nosotros

ou

ustedes

zot

ellos

kisana?

¿quién?

kiete?

¿qué?

kouma?

¿cómo?

kotsa?

¿dónde?

kan?

¿cuándo?

nom

el nombre

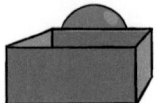

deryer

detrás

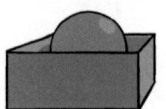

dan

en

devan

adelante de

lor

por encima de

lor

sobre

anba

debajo de

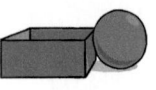

akote

al lado de

ant

entre

plas

el lugar